기독교
기본신앙

기독교 기본 신앙

© 생명의말씀사 2017

2017년 12월 26일 1판 1쇄 발행

펴낸이 | 김재권
펴낸곳 | 생명의말씀사

등록 | 1962. 1. 10. No.300-1962-1
주소 | 서울시 종로구 경희궁1길 5-9(03176)
전화 | 02)738-6555(본사) · 02)3159-7979(영업)
팩스 | 02)739-3824(본사) · 080-022-8585(영업)

지은이 | 김홍만

기획편집 | 유선영, 최은용
디자인 | 김혜선
인쇄 | 영진문원
제본 | 정문바인텍

ISBN 978-89-04-20006-1 (03230)

저작권자의 허락없이 이 책의 일부 또는 전체를
무단 복제, 전재, 발췌하면 저작권법에 의해 처벌을 받습니다.

기독교와 성경의 핵심 진리를 한눈에

기독교 기본신앙

김홍만 지음

목차

서문 ・7

1부
하나님의 구속 역사

1. 창조와 에덴동산	・13
2. 타락과 인류	・19
3. 아브라함에서 다윗까지	・27
4. 선지자 시대	・35
5. 그리스도의 탄생과 공생애	・43
6. 복음과 교회	・51

2부

기독교의 기본 진리

7. 하나님	• 61
8. 인간	• 67
9. 그리스도	• 73
10. 성령	• 79
11. 교회	• 85
12. 종말	• 91

서문

성경과 기독교를 개관하는 책

나는 초등학교 시절부터 교회에 출석했다. 주일학교에서 성경을 배우긴 했지만, 진리에 대해 이해하지 못했고 관심도 없었다. 습관적으로 교회 생활을 했고, 기독교를 '착하고 바르게 사는 것'으로 이해했다. 성경을 읽어도 위인전을 읽는 것과 별다르지 않게 여겨졌다.

청년기가 되자 인생에 대한 철학적 고민이 생기기 시작했다. 철학 고전과 여러 종교에 관한 책들을 찾아 읽다 보니 성경도 더 자세히 읽어봐야겠다는 생각이 들었다. 그런데 막상 성경을 펴놓고 보니 그 분량이 어마어마했다. 이해할 수 없는 내용이 가득했다.

나는 성경 내용을 전체적으로 이해할 수 있는 참고 도서들을 찾아보았다. 당시 나는 어떤 과목이든지 개론을 먼저 공부한 다음, 세부적인 각론을 연구하는 공부 습관을 지니고 있었다. 그런데 성경의 개론을 담은 책은 쉽게 찾을 수 없었다. 결국, 나는 인내심을 가지고 성경을 처음부터 끝까지 읽어나가는 수밖에 없었다.

기독교 신앙 입문자들을 위한 책

나는 성경과 기독교 전체를 개관할 수 있는 책이 있었으면 좋겠다고 생각했다. 특히 성경과 기독교에 대해 아무것도 모르는 사람의 입장에서 설명해놓은 책이 있다면, 기독교 신앙에 입문하는 데 도움이 될 것 같았다.

신학생이 된 후, 칼빈(Calvin)의 『기독교 강요』라는 책을 만났다. 내가 찾고 고민하던 기독교 개관에 대한 책이었다. 하지만 그 책도 기독교 신앙을 모르는 사람이 읽기에는 쉽지 않았다. 그래서 나는 목회 사역과 교수 사역을 하면서도, 성경에서 말씀하고 있는 기독교 신앙의 조항 전체가 쉽게 설명된 책이 있었으면 좋겠다는 생각을 계속 해왔다.

나는 이 오랜 고민을 해결하기 위해 이 책을 쓰게 되었다. 성경과 기독교에 관해 알고 싶거나, 기독교 신앙에 입문하려는 사람들의 질문에 대답해주려는 것이다. 이 책의 목표는 성경과 기독교의 진리 전체를 쉽게 이해하고, 구원의 문제를 정확하게 알게 하는 데 있다.

1부에서는 하나님이 역사 속에서 구원 사역을 어떻게 행하셨는가를 설명했다. 2부에서는 삼위 하나님이 택하신 백성을 어떻게 구원하시는가를 설명했다.

나는 이 책이 교회의 초신자 교육용이나 전도 성경공부용으로도 사용될 수 있기를 기대한다. 기독교 신앙에 입문하는 사람뿐만 아니라 교회의 성도들이 이 책을 통해서 진리를 정확히 파악하고, 바른 신앙을 갖기를 소망한다.

한국청교도연구소 소장
김홍만 목사(Ph.D)

1부

하나님의 구속 역사

성경에는 하나님이 어떻게 자신을 계시하셨고,
또 역사 속에서 어떻게 사람을 구원하셨는지에 대해 기록되어 있다.
성경 전체를 이해하려면 무엇보다 하나님이 사람을 구원하시기 위해
역사에서 어떠한 일을 하셨는지 알아야 한다.

| 구속사 개관 |

하나님의 구원의 역사

1

창조와 에덴동산

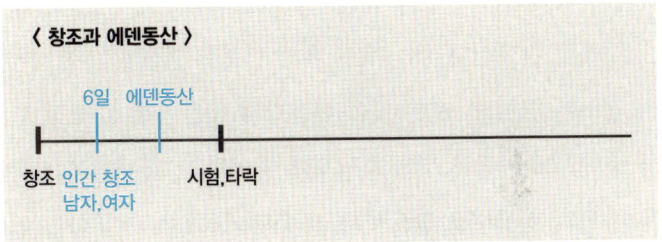

하나님은 아무것도 존재하지 않은 상태에서 우주 만물을 만드셨다. 하나님이 모든 만물을 만드시는 데는 6일이 걸렸다(출 20:11).

첫째 날은 빛을 만들어 낮과 밤을 나누셨고, 둘째 날은 물 가운데 궁창(하늘)을 두고 윗물과 아랫물을 나누셨다. 셋째 날은 물을 한 곳으로 모아 땅이 드러나게 하셨다. 이때 땅 위에 식물도 자라나게 하셨다. 넷째 날은 낮과 밤을 주관하는 해와 달을 만드셨고, 다섯째 날은 하늘의 새와 바다의 물고기를 만드셨다. 여섯째 날은 땅 위의 짐승과 사람을 만드셨다(창 1장).

이처럼 모든 만물은 하나님이 만드신 피조물이다. 그러므로 만물을 신으로 섬기는 것은 창조주 하나님을 무시하는 행동이다. 또, 이 땅의 돈과 물질을 자신의 신으로 삼아 살아가는 것도 하나님을 거부하는 위험한 태도다.

하나님은 모든 만물을 말씀으로 창조하셨는데, 사람은 흙으로 직접 만드셨다. 하나님이 우주 만물을 만드시는 과정에는 질서가 있었고, 모든 것이 아름답게 만들어졌다. 모든 만물 중에서도 사람은 더욱 특별하게 지어졌다. 하나님은 사람을 자신의 형상대로 만드셔서 지혜와 의로움과 거룩함을 입히시고, 창조 세계를 돌보는 하나님의 대리자가 되게 하셨다(창 1:26-28).

하나님은 모든 만물을 지으셨고, 통치하고 계시며, 만물 가운데 자신의 선하심을 나타내셨다. 하나님은 왕이시고 사람은 그의 피조물이다. 그러므로 사람은 왕이신 하나님의 통치를 받아야 한다(시 24:1).

그런데 많은 사람은 자신이 자기 인생의 주인이라고 생각하며 살아간다. 자기 뜻을 성취하고 성공하는 일에만 몰두해서 산다. 사람이 피조물인 것을 망각한 삶이다. 자신을 만드신 하나님을 인정하지 않고 사는 인생은 매우 위험하다(마 6:24).

하나님을 예배하기 위해 지어진 사람

하나님은 이 모든 만물을 6일 동안 만드시고 제7일에 쉬셨다(창 2:1-3). 이는 하나님이 피곤해서 쉬셨다는 뜻이 아니라, 창조의 사역이 완전하게 이루어졌다는 뜻이다. 하나님은 이날을 사람이 하나님을 예배하는 날로 정하셨다.

하나님이 사람을 지으신 목적은 하나님을 영화롭게 하며 예배하게 하려는 것이다. 이 땅의 모든 사람은 반드시 창조주 하나님을 예배해야 한다. 그러나 실제로 창조주 하나님을 찾아 예배하는 사람들은 그리 많지 않다(롬 3:11).

하나님은 아담을 먼저 만드시고 그다음 하와를 만드셨으며, 그들이 한 가정을 이루게 하셨다. 하나님은 아담의 자녀들을 번성하게 하셔서 그 가정을 통해 모든 사람이 하나님을 예배하고, 찬양하게 하려는 목적을 갖고 계셨다(말 2:15).

아담과 하와는 에덴동산에서 하나님이 마련하신 모든 것을 누리고 즐길 수 있었다. 에덴동산에는 생명나무가 있어서 아담과 하와는 그 열매를 먹고 영생할 수 있었다. 물론 선악을 알게 하는 나무도 있었다. 하나님은 그 나무의 과실을 먹지 말라고 명령하셨다(창 2:16-17). 그들이 창조주이신 하나님께 항상 순종해야 하는 피조물인 것을 기억하게 하려는 것이었다.

1. 창조과 에덴동산

아담과 하와는 하나님이 선악을 알게 하는 나무를 만드신 것에 대해 회의를 느끼거나 의심을 품지 않았다. 그 나무를 볼 때마다 하나님께 순종하는 것이 당연하다고 느꼈다. 하나님을 사랑하는 가운데 계명을 지켜야 한다는 열망이 일어났다. 아담과 하와는 선악을 알게 하는 나무의 과실을 먹으면 반드시 죽을 것이라는 하나님의 경고도 이미 들었다. 그들은 살아계신 하나님의 말씀을 지키는 것이 얼마나 중요한지 알고 있었다.

하나님은 아담과 하와에게 자유의지와 함께 지혜와 거룩함, 의로움을 주셨기 때문에 자발적으로 순종하도록 하셨고, 그렇게 순종하는 것이 어렵고 힘든 것도 아니었다(골 3:10 ; 엡 4:24). 아담과 하와는 하나님께 자발적으로 순종했고, 하나님이 주신 모든 것을 누리면서 하나님을 찬양했다.

생각해볼 문제

1. 모든 만물의 근원이 어디에 있습니까?(느 9:6)

    하나님께 있습니다. 모든 만물이 하나님에게서 나왔기 때문입니다.

2. 모든 만물은 일정하게 움직이며 변화하고 있는데, 스스로 움직이는 것입니까?(히 1:3)

만물이 질서 있게 움직이는 것은 스스로 그럴 만한 힘이 있어서가 아닙니다. 만물을 창조하신 하나님이 붙잡고 계시기 때문입니다.

3. 모든 만물을 지으신 하나님은 어떤 분입니까?(시 147:5)

하나님은 말씀으로 모든 만물을 창조하셨습니다. 하나님의 전능하신 능력이 그 안에 나타나 있습니다. 만물을 아름답고 풍성하게 지으신 하나님은 아름답고 풍성하신 분입니다.

4. 사람에게 가장 중요한 의무는 무엇입니까?(시 29:2 ; 겔 46:3)

창조주이신 하나님을 예배하는 것입니다. 하나님은 만물을 창조하실 때 사람들이 예배하는 날도 정하셨습니다.

5. 첫 번째 조상인 아담과 하와는 하나님과 어떤 관계를 누리고 있었습니까?(창 1:27-31)

아담과 하와는 하나님이 만드신 모든 만물을 누릴 뿐 아니라 하나님과 친밀한 교제를 나눌 수 있었습니다. 하나님의 말씀에 순종하면서 하나님을 기쁘시게 하는 것이 그들의 주된 일이었습니다.

2

타락과 인류

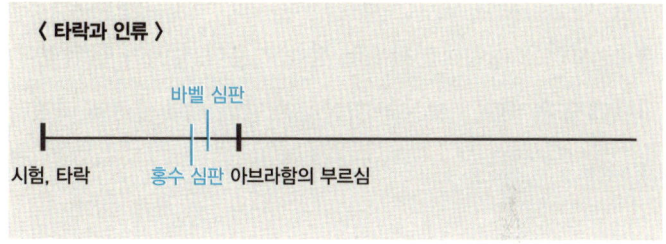

하나님은 모든 만물을 질서 있고 조화롭게 창조하셨다. 특히 사람에게는 하나님을 대표해서 만물을 다스릴 수 있는 특권을 허락하셨다. 그러나 사람은 하나님의 계명을 어기고 죄를 지었다. 하나님이 먹지 말라고 하신, 선악을 알게 하는 나무의 실과를 먹었기 때문이다(창 3:13).

아담의 아내인 하와를 유혹한 것은 뱀의 모습으로 나타난 마귀였다. 마귀는 하와에게 하나님의 말씀을 부정하게 하고 교만한 마음을 부추겨서 하나님의 계명을 어기게 했다. 하와는 선악과를 먹고 남편 아담에게도 주어 아담도 같은 죄에 빠지게 했다. 아담과 하와가 하나님의 계명을 어긴 것은 하나님의 통치를 받지 않겠다는 것과 다름없었다. 내가 나의 주인이 되어 하나님과 관계없이 살아가겠다는 선언이었다(시 14:1).

아담과 하와가 하나님의 계명을 어김으로써 인류에게 죄와 죽음이 들어왔다. 아담의 죄는 모든 인류에게 전가되었다. 그 결과, 사람은 태어나면서부터 정욕 가운데 살아가게 되었다. 사람에게 일어나는 모든 비참함은 아담의 죄에서 시작되었다(롬 5:12).

아담과 하와가 범죄한 결과

하나님은 아담과 하와에게 계명을 어기면 반드시 죽는다고 경고하셨다. 그러나 그들이 계명을 어기고 죄를 지었을 때, 하나님은 곧바로 심판하지 않으셨다. 오히려 죄를 짓고 부끄러워서 숨어 있는 그들을 찾아가셨다(창 3:8-9). 그들의 죄를 낱낱이 드러내고 회개하게 하기 위해서였다. 더 나아가 죄를 지은 그들에게 하나님과 다시 화목할 수 있는 길을 알려주시려는 것이었다. 죄를 범한 사람은 거룩하신 하나님께 나아갈 수 없기 때문이다.

하나님은 구원자(Redeemer)를 약속해주셨다. 죄를 범한 사람에게 하나님은 그리스도를 통한 구원 계획을 알려주셨다. 죄를 지은 사람이 그리스도를 통해 마귀의 손아귀에서 벗어나 죄를 용서받을 수 있는 길을 보여주셨다. 하나님의 이러한 계획은 창세 전부터 있었으며(요 17:1-5), 사람이 타락한 후에 아담과 하와에게 약속으로 주어졌다(창 3:15).

아담과 하와가 죄를 지은 후, 인류는 급속도로 부패하기 시작했다. 아담과 하와에게는 두 아들, 가인과 아벨이 있었다. 큰아들 가인은 하나님께 드리는 예배를 소홀히 했다. 가인에게 있는 죄의 힘은 점점 강해졌고, 결국 시기심 때문에 자기 동생 아벨을 죽이고 말았다.

이 과정에서 하나님은 가인에게 미리 죄를 경고하시고 회개를 촉구하셨다. 그러나 가인은 마음이 굳어져서 죄를 범했다. 그는 회개를 거부하며 하나님에게서 떠났다(창 4:16). 그의 자손은 번성했지만, 그들의 죄악은 더욱 심각해져갔다. 가인의 후손인 라멕은 욕망에 빠져 두 아내를 취했으며 자기에게 상해를 입힌 자들에게 보복하기도 했다(창 4:19,23).

아담과 하와는 경건한 자녀인 아벨을 잃고 셋을 낳았다. 셋의 자손들은 경건했다. 하나님과 동행했던 에녹과 같은 인물도 있었다. 그러나 노아의 시대에 이르자 온 세상 사람들이

악에 치우쳐버렸고 세상은 죄로 가득 차게 되었다(창 6:5).

노아 시대의 홍수 심판

하나님은 죄악으로 뒤덮여 있는 세상을 심판하기로 작정하셨다. 하나님은 공의로운 분이기 때문에 죄악에 대한 심판은 당연했다. 그러나 하나님의 심판은 세상을 멸하려는 것이 아니었다. 그 속에는 세상을 다시 새롭게 하시려는 하나님의 목적이 있었다.

하나님은 홍수로 세상을 심판하시기 전에 먼저 노아에게 은혜를 베푸시고 방주를 짓게 하셨다. 노아는 무려 120년 동안 방주를 만들었다. 이 긴 기간은 하나님이 사람들에게 베푸신 은혜의 시간이었다. 하나님의 심판이 있음을 깨닫고 회개하며 하나님께 나아오는 자에게 용서의 은혜를 베푸시려는 것이었다.

그러나 노아와 그의 식구 외에는 누구도 하나님의 심판 경고를 듣지 않았다(히 11:7). 결국, 노아와 그의 식구들, 함께한 생물들 외에는 모두 홍수의 심판으로 죽게 되었다.

홍수가 그치고 땅이 완전히 마른 후에 하나님은 노아의 가족과 모든 생물을 방주에서 나오게 하시고, 그들이 이 땅에서 번성하도록 축복하셨다. 하나님은 인간의 악한 본성을 아시기 때문에, 사람으로 인해 다시는 홍수로 세상을 심판하지 않겠다고 말씀하셨다.

노아와 그의 식구들은 홍수 심판에서 구원을 받았지만, 그들의 본성이 완전히 고쳐진 것은 아니었다(창 8:21). 노아 이후에 사람들은 더욱 많아지게 되었고, 그들은 꾀를 내서 자신의 영광과 번영을 추구했다. 사람들은 거대한 탑과 도성을 만들었다. 하나님의 통치를 받지 않고 자신의 힘과 영광을 나타내는 도시 국가를 건설하려는 것이었다(창 11:4).

노아 이후의 사람들은 세력을 확장하게 되자 하나님께 대항했다. 하나님은 인간의 교만한 계획에 개입하셔서 그들의 언어를 혼잡하게 하시고 그들을 흩으셨다(창 11:7-9). 언어가 달라져 흩어진 사람들은 거주 지역에 따라 민족을 이루게 되었다.

이전에는 하나님이 인류 전체를 직접 대하시고 그들을 구원하셨다. 그러나 인류가 죄로 인해 지독하게 부패하자, 하나님은 구원할 백성을 일으키기 위해 민족이라는 단위를 사용하시게 되었다. 각각의 민족들에게 하나님을 아는 지식을 주시고 하나님의 백성으로 만드시려는 계획이었다. 아담 이후로 인류는 죄악에 빠져 계속해서 죄를 지었지만, 하나님은 그 가운데서도 자신의 백성을 만드는 일을 계속하셨다.

생각해볼 문제

1. 마귀는 하와를 어떻게 유혹했습니까?(창 3:1,4-5)

   마귀는 하와에게 하나님의 말씀을 의심하게 했고, 하나님을 떠나서 자기 마음대로 살라고 유혹했습니다.

2. 아담과 하와가 타락한 이후에 인류는 어떻게 되었습니까?
   (롬 5:12)

   인류에게 죽음이 생겼고, 인간의 본성은 죄로 부패했으며, 죄악이 계속 퍼졌습니다.

3. 아담과 하와 이후 인류는 어느 정도로 부패했습니까?
   (창 6:5-7,13)

   하나님이 홍수로 심판하실 수밖에 없을 정도로 완전히 부패했습니다. 노아와 그의 식구 외에는 모든 인류가 홍수의 심판으로 멸망했습니다.

4. 노아의 홍수 심판 이후에 인류는 하나님께 순종했습니까?

(창 11:3-4)

아닙니다. 사람들의 본성은 부패한 상태 그대로였습니다. 그들은 자신의 힘을 과시하고, 하나님을 떠나서도 살 수 있다는 것을 보여주려고 바벨탑과 도시를 건설했습니다. 하나님께 공개적으로 대적했습니다.

5. 계속해서 반역하는 인류를 향한 하나님의 구속 방법은 무엇입니까? (창 11:7-9)

하나님은 인류의 언어를 혼잡하게 하는 심판으로 그들을 흩으시고 민족의 단위를 이루게 하셨습니다. 그리고 특정 민족을 택해서 다른 모든 민족이 하나님을 알고 구원받게 되는 방법을 택하셨습니다.

3

아브라함에서 다윗까지

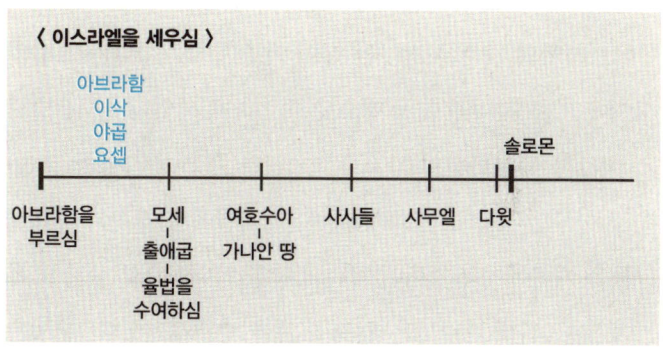

하나님은 모든 민족이 하나님을 찾아 예배하고, 하나님의 통치를 받는 것을 원하신다. 그래서 모든 민족에게 하나님을 아는 방법을 마련하셨다. 특정한 민족을 택해서 그들을 통해 하나님을 알리는 것이었다.

하나님은 갈대아 우르에 살던 아브람에게 자신을 나타내시고 가나안 땅으로 이주하라고 명령하셨다. 그 당시 가나안 땅에는 여러 민족이 살았다. 하나님은 아브람에게 큰 민족을 이루게 하겠다고 약속하셨다(창 12:1-3). 그리고 그에게 믿음을 주셔서 하나님을 예배하고 의지하게 하셨다. 하나님은 아브람의 이름을 아브라함으로 바꾸어주셨다. 아브라함은 '여러 민족의 아버지'라는 뜻으로, 모든 민족에게 하나님을 알리는 사명을 일깨우는 이름이었다(창 17:5).

아브라함의 자손은 가나안 땅의 이주민으로 살다가 요셉의 시대에 기근을 피해 애굽 땅으로 이주하게 되었다. 애굽 땅으로 이주한 아브라함의 자손은 400년간 그곳에서 살며 큰 민족을 이루었다(행 7:17). 하나님은 아브라함에게 약속하신 대로 그들을 애굽에서 건져내어 약속의 땅인 가나안으로 옮기셨다.

이 일을 위해 하나님은 먼저 모세를 준비시키셨다. 모세는 이스라엘 민족을 이끌고 애굽에서 나오려고 했지만, 애굽 왕의 방해를 받았다. 하나님은 애굽에 열 가지 재앙을 일으키셨다. 그래서 그가 전능한 하나님이시며 구원자이신 것을 이스라엘과 애굽 사람들에게 보여주셨다.

애굽 군대가 탈출한 이스라엘을 뒤쫓아 왔을 때도 하나님은 홍해 바다 한가운데 길을 내서 이스라엘을 구하셨다. 하나님은 이스라엘 백성을 애굽의 손에서 건져내심으로 그의 구속 프로그램을 보여주셨다(출 14:31). 전능하신 능력으로 인류를 죄와 죽음에서 건지신다는 것을 나타내셨다.

구별된 이스라엘 백성

하나님은 이스라엘 백성과 언약을 맺었다. 이스라엘이 하나님을 예배하고 그의 계명을 지키면, 그들을 보호하시고 다스리시겠다는 언약이다. 이스라엘은 하나님의 언약 백성으로서 모든 민족에게 하나님을 나타내고 선전해야 하는 의무가 있었다. 그들은 하나님의 계명을 지킴으로써 거룩하신 하나님을 모든 민족에게 드러내야 했다. 또한, 하나님께 기도함으로써 하나님이 기도를 들으시고 응답하시는 분이며, 살아계신 전능한 하나님이심을 나타내야 했다(신 4:6-8).

하나님은 언약을 맺은 이스라엘이 하나님의 백성으로서 분명한 정체성을 갖도록 율법을 주셨다. 그들은 죄를 멀리하고, 죄를 지을 경우 반드시 속죄해야 하며, 죄를 용서받아야 한다는 것을 율법을 통해 철저하게 배웠다. 이스라엘 백성은 하나님이 주신 계명을 지키면서 자신들이 세상과 구별된 백성임을 나타냈다.

그러나 이스라엘은 시내산에서 하나님과 언약을 맺고 율법을 받은 지 얼마 되지 않아 하나님께 불순종하기 시작했다. 그들은 하나님의 심판으로 광야에서 40년간 방황하며 세월을 보냈다. 40년이 지난 후 여호수아가 모세의 뒤를 이어 지도자가 되었다(수 1:1-9). 여호수아의 지도력으로 이스라엘은 가나안 땅을 정복하여 국가를 이루었다.

열두 지파를 형성하고 있었던 이스라엘은 여호수아가 죽은 후 혼란기를 맞이했다. 하나님을 아는 지식이 없었기 때문이었다. 하나님은 사사들을 세워서 그들이 어려움에 처할 때마다 구해내셨다. 그러나 이스라엘은 여전히 하나님을 찾지도, 예배하지도 않았다. 그들은 하나님의 계명을 잊고 자기 생각대로 살아갔다(삿 21:25).

하나님이 택하신 다윗왕

하나님은 혼란에 빠진 이스라엘을 구원하시려고 선지자들을 보내셨다. 사무엘 선지자는 하나님의 말씀에 무지한 이스라엘을 깨우치는 역할을 했다. 그러나 이스라엘은 다른 민족들에게 왕이 있는 것을 보고 자신들도 왕을 구했다(삼상 8:4-5). 이스라엘의 왕은 하나님이셨지만 그들은 이를 인정하지 않고 인간적인 지도자를 구한 것이다.

하나님은 그들의 소원대로 왕을 허락하셨다. 첫 번째 왕은 이스라엘을 어려움에서 구하기는커녕 오히려 어려움에 처하게 만들었다. 하나님은 다시 왕을 세우셨다. 그가 하나님의 마음에 드는 왕, 다윗왕이었다(행 13:22).

이스라엘 역사 속에서 다윗은 중요한 왕이었다. 다윗은 이스라엘을 통치하는 분이 하나님이심을 드러내는 왕이었다(삼하 7:8-9). 다윗은 철저히 하나님을 의지했으며, 하나님의 말씀에 순종했다. 하나님은 그를 축복하셔서 분열된 이스라엘을 통합하게 하시고, 통치 영역을 확장시켜주셨다.

다윗은 선지자이기도 했다. 하나님의 뜻을 백성에게 가르쳐 주며 하나님의 약속을 바라보는 자였다. 이러한 다윗에게 하나님은 그의 후손으로 메시아를 보내주시겠다고 약속하셨다(삼하 7:13). 하나님은 다윗의 통치를 통해서 주위에 있는 민족들로 하나님을 알게 하는 목적을 가지고 있었다(삼하 7:22-23).

하나님은 아브람을 부르신 것을 시작으로 이스라엘을 한 민족으로 이루시고, 선지자를 보내시며 다윗왕을 세우시기까지 자신의 백성을 일으키기 위해 역사 속에서 끊임없이 일하셨다. 이스라엘을 통해서 하나님 자신을 나타내시며 각 민족이 하나님을 찾고 구하게 하셨다. 하나님은 이스라엘만의 하나님이 아니라 모든 민족의 하나님으로서 그들을 부르고 계셨다. 모든 민족을 부르기 위해 사용하신 도구가 이스라엘이었다.

생각해볼 문제

1. 하나님이 아브람을 부르신 목적은 무엇입니까?(창 12:1-3)

   아브람이 신앙공동체와 큰 민족을 이루며 하나님을 모든 민족에게 증거하게 하려는 것이었습니다.

2. 하나님이 이스라엘을 애굽에서 건지신 사건은 하나님의 어떠하심을 나타냅니까?(출 18:9-11)

   하나님이 구원 사역을 행하시는 분임을 나타냅니다. 그의 백성을 애굽의 압제에서 건져내신 것처럼 죄의 종이 된 사람들을 건져내신다는 것을 보여줍니다. 이처럼 구원은 하나님의 주권적인 사역이며, 은혜로 주어지는 것입니다.

3. 하나님과 이스라엘 백성이 시내산에서 맺은 언약의 목적은 무엇입니까?(출 19:1-6)

   이스라엘은 하나님의 계명을 지키면서 하나님의 거룩하심을 나타내고, 하나님은 그들의 하나님이 되셔서 보호하고 인도하시겠다는 것입니다. 이를 통해 다른 민족에게 하나님을 알게 하려는 것입니다.

4. 하나님이 이스라엘 백성에게 선지자들을 보내신 이유는 무엇입니까?(신 18:15,18)

   이스라엘은 언제든지 하나님의 계명을 잊어버리고 우상을 섬길 가능성이 있었습니다. 그래서 하나님은 계속해서 선지자들을 보내어 하나님의 말씀을 듣고 순종하게 하셨습니다.

5. 하나님의 구원 역사 속에서 다윗왕은 어떤 위치에 있었습니까?(삼하 3:18 ; 행 2:30-31)

다윗왕은 이스라엘과 주위의 민족들에게 하나님의 통치를 드러내는 역할을 했습니다. 그는 선지자로서 하나님의 뜻을 백성에게 가르치기도 했고, 하나님의 약속을 신뢰하도록 이스라엘을 독려했습니다.

4

선지자 시대

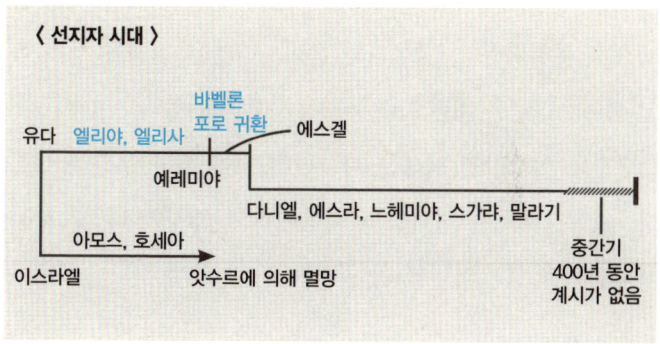

다윗의 왕위를 계승한 솔로몬은 나라를 지혜롭게 잘 다스렸다. 온 이스라엘은 번영과 평안을 누렸고 솔로몬은 하나님의 성전을 건축하여 완공하기도 했다(왕상 6:38 ; 7:51).

그러나 솔로몬은 부귀영화를 누리면서 점차 신앙에서 멀어져갔다. 많은 첩을 두었던 그는 첩들이 섬기던 우상들을 섬기며 우상숭배에 빠지게 되었다. 하나님은 일찍이 솔로몬에게 우상숭배를 경고하셨다. 그는 결국 우상숭배 때문에 하나님의 심판을 받았다(왕상 11:9-11). 은혜와 복을 받았지만, 하나님을 섬기지 않았기에 그가 공의로 판단하고 갚으신 것이었다.

솔로몬의 아들인 르호보암이 왕위를 이어받으면서 이스라엘의 분열 문제가 본격적으로 심화되었다. 르호보암이 탄압정책을 펴자 여로보암이 북이스라엘로 독립하면서 왕국이 남북으로 분열되었다. 남유다와 북이스라엘은 전쟁을 자주 했고 북이스라엘은 내란으로 왕들이 자주 바뀌었다.

당시의 이스라엘 백성은 하나님의 법을 떠나 우상을 섬겼다. 외형적으로는 하나님의 백성이라고 하지만 내적으로는 하나님의 백성이 아니었다.

회개와 심판을 외친 선지자들

나라가 분열되고 영적으로 타락해갈 때 하나님은 선지자들을 보내셨다. 남유다에서 활동한 대표적인 선지자는 엘리야와 엘리사였다. 그들은 백성에게 우상을 버리고 살아계신 하나님께로 돌아오라고 외쳤다. 회개하고 하나님께 돌아오지 않으면 하나님이 무서운 심판을 내릴 것이라고 말했다. 예레미야 선지자는 유다가 바벨론 포로로 끌려갈 것을 예언하기도 했다(렘 20:4-6).

북이스라엘에서 활동한 선지자는 아모스, 호세아였다. 이들도 북이스라엘을 향해 우상을 버리고 하나님께로 돌아오라고 외쳤다. 북이스라엘과 남유다는 일시적으로 우상을 버리고 개혁해서 번영을 이루기도 했지만, 죄에서 완전히 떠난 것은 아니었다. 회개하며 하나님께로 돌아오지 않았기 때문이었다.

결국 하나님은 선지자들이 예언한 대로 북이스라엘을 멸망하게 하셨다. 북이스라엘은 신흥 제국인 앗수르의 침략을 받아 멸망했다(왕하 17:23). 남유다는 앗수르의 속국으로 있다가 앗수르 제국을 물리치고 일어난 바벨론에게 멸망했다(왕하 25:7,21).

남유다가 멸망하기 전에 활동하던 선지자 중 이사야와 예레미야 선지자는 하나님이 이스라엘의 죄를 심판하신 후에는 그분의 목적을 이루기 위해 남은 자를 구원하실 것이라고 예언했다(사 10:21 ; 렘23:3). 선지자들은 하나님이 이스라엘뿐만 아니라 다른 나라를 심판하실 것이며, 그중에서 하나님을 찾고 구하는 자들은 구원하실 것이라고 예언했다(애 3:25).

하나님은 죄에 대해서는 심판하지만 구원받을 백성에 대해서는 구원을 약속하신다. 그는 그리스도를 통해서 백성의 죄를 용서하시고 새롭게 하실 것이다. 에스겔 선지자는 바벨론에 포로로 끌려간 이스라엘 백성들에게 이스라엘의 회복을 예언하기도 했다(겔 36:8-10). 이처럼 하나님은 심판 중에도 다른 한편으로는 구원하고 계시는 분이심을 발견할 수 있다.

포로의 귀환과 회복

바벨론에 포로로 끌려갔던 이스라엘 백성은 3차에 걸쳐서 예루살렘으로 돌아올 수 있었다. 예루살렘에 돌아온 이들은 가장 먼저 성전 재건 공사를 시작했다. 여기에는 학개와 스가랴와 같은 선지자들의 격려도 있었다. 백성들은 성전을 재건하고 하나님의 말씀과 율법을 깨닫게 되면서 자신들의 죄를 더 분명히 알게 되었다. 그들은 통회하며 그들에게 죄의 단초를 제공했던 이방인들과의 결속을 끊었다(느 13:30).

성전을 재건한 후 성벽이 중수되었다. 예루살렘이 복구되자 새 거주민들이 입주하기 시작했다. 하나님의 백성으로서 하나님과의 언약을 갱신하는 영적 갱신 운동이 펼쳐졌다(느 8-10장). 북이스라엘과 남유다가 멸망했을 때는 모든 것이 끝난 것처럼 보였지만, 하나님은 이스라엘 백성을 끝까지 붙잡고 계셨다. 결국, 그들은 하나님을 나타내는 민족으로 세우심을 받았다.

한편, 이스라엘 백성이 예루살렘으로 귀환할 때 고국으로 돌아가지 않은 사람들도 있었다. 그들은 이방 땅에 남아 있었다. 그러나 하나님은 이방 땅에 있는 하나님의 백성을 보전하시고, 그들이 하나님을 믿는 신앙을 유지하도록 하셨다. 이들의 후손은 후에 신약성경에 등장하게 된다.

이스라엘이 성전을 재건축하고 한때 영적 갱신 운동을 펼쳤지만, 그들은 다시 영적인 침체에 빠져버렸다. 구원의 감격을 잃어버리고 신앙생활도 형편없는 상황이었다. 이때 하나님은 말라기 선지자를 세우셨다. 그는 여호와가 강림하실 것과 새 시대가 도래할 것을 선포했다(말 4:2-6).

그러나 구약에서 이스라엘에게 주어진 하나님의 계시는 이것이 마지막이었다. 하나님은 선지자들을 통해서 더 이상 이스라엘에 말씀하지 않으셨다. 역사적으로 페르시아 제국은 헬라 제국에 의해 멸망했고, 헬라 제국은 로마 제국에 의해 무너졌다.

예수님이 이 땅에 오실 때 예루살렘은 로마의 식민지였는데, 예수님이 이 땅에 오시기 전까지 400년간 계시가 없었다. 영적으로 깜깜한 시대였다. 하나님이 아브람을 불러서 이스라엘을 세우고 모든 민족을 구원하고자 하셨던 계획은 이제 새로운 방식으로 성취될 것이었다. 하나님은 그것을 기다리게 하셨다.

생각해볼 문제

1. 다윗과 솔로몬의 시대에 번영을 누렸던 이스라엘이 급속히 타락하게 된 이유는 무엇입니까?(사 31:1-2)

    사람들은 부유할 때 하나님을 의지하기보다 세상을 더 의지하곤 합니다. 가장 큰 번영을 누렸던 솔로몬의 시대부터 이스라엘은 점차 세상으로 나아가기 시작했고 솔로몬이 죽은 후에는 본격적으로 부패했습니다.

2. 하나님께서 선지자들을 보내시는 이유는 무엇입니까?
    (렘 26:5)

    선지자를 통해 백성들의 죄를 책망하고 꾸짖어서 회개하게 하려는 것입니다. 그러나 죄악에 빠진 영혼들은 돌이킬 생각을 하지 않았습니다.

3. 하나님은 이스라엘과 유다의 우상숭배를 어떻게 심판하셨습니까?(렘 20:6)

하나님의 심판으로 이스라엘과 유다는 분열되었고, 앗수르와 바벨론에게 멸망했습니다. 하나님을 나타내야 할 백성이 오히려 하나님의 이름을 더럽히는 큰 죄를 지었기 때문입니다.

4. 하나님의 심판 이후에는 어떤 일이 벌어집니까?(사 10:21-22)

하나님은 죄악을 저지른 백성을 심판하는 것으로 끝내시지 않습니다. 그들 중 회개하는 자들을 다시 세워서 새로운 공동체를 만드시고, 하나님의 영광을 나타내십니다.

5. 이스라엘이 성전을 재건하고 영적으로 갱신한 후, 그 갱신의 효과는 얼마나 지속되었습니까?(말 2:11)

오래가지 않았습니다. 그들의 신앙은 금세 다시 차가워지고 하나님을 향한 열정은 사라지고 말았습니다. 이처럼 사람의 부패한 속성은 강력해서 쉽게 고쳐지지 않습니다.

5

그리스도의 탄생과 공생애

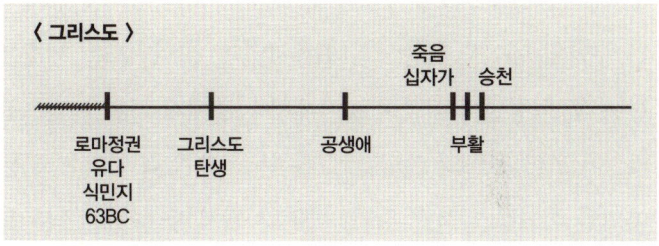

하나님은 정하신 때가 되자 구원자로 약속하신 그리스도를 지상으로 보내셨다. 구약 시대의 백성들은 죄에서 건져줄 메시아가 오실 것을 바라보고 소망함으로 구원을 받았다. 그러나 이제 때가 되어 하나님의 아들인 그리스도가 오신 것이다(갈 4:4). 구약 시대의 선지자들은 그리스도가 오실 것을 예언했다. 그가 이 땅에 오셔서 고난을 받고, 하나님이 택하신 백성의 죄를 대신 지시며, 백성을 구원하실 것이라고 말했다(사 53:10).

그리스도는 동정녀 마리아의 자궁을 빌려서 성령님에 의

해 잉태되어 탄생하셨다. 그리스도가 잉태되었을 때, 마리아와 요셉은 그리스도에 대한 분명한 계시를 받았다(눅 1:30-33 ; 마 1:21). 그리스도는 평범한 사람처럼 성장기를 거치고, 30세가 된 후에 공생애를 시작하셨다.

그는 세례 요한에게 세례를 받으셨다. 죄가 있어서가 아니라 구약의 예언을 확증하기 위해서였다. 그리스도는 세례를 받은 후 성령님께 이끌려 광야에서 마귀에게 시험을 받으셨다. 이 또한 구약의 예언을 성취하는 것이었다. 그리스도는 마귀의 머리를 상하게 하고, 마귀와 죄에 묶여 있는 영혼을 건지시는 분으로 예언되었다(창 3:15). 그는 예언대로 마귀의 시험을 말씀으로 물리치셨다(마 4:11).

그리스도는 갈릴리 지역을 중심으로 사역하셨다. 제자들을 부르시고, 가르치시며, 병든 자들을 고치셨다. 또 하나님 나라가 가까이 왔으니 회개하라고 하셨다. 이제 구원의 문이 열렸으며, 그 문으로 들어가려면 회개와 믿음이 있어야 한다고 가르치셨다.

물론 회개와 믿음도 성령님의 역사로 일어난다. 따라서 구원은 하나님의 선물이다. 회개와 믿음을 강조한 것은 죄를 깨달아야 그리스도가 왜 필요한지 알 수 있기 때문이다. 자신이 불의하다는 것을 깨닫고 인정해야 죄 용서함을 얻기 위해 그리스도를 찾게 된다(막 2:17).

그리스도의 죽음과 부활

예수님 당시의 유대인들은 율법을 지키고 있었기 때문에 자신이 죄인이라고 생각하지 않았다. 그리스도를 왜 믿어야 하는지도 몰랐다. 사실 그들은 율법이 아니라 인간의 전통과 형식을 지키고 있었다. 하나님을 사랑해서가 아니라 자신의 의로움을 나타내기 위한 것이었다. 유대인들은 율법의 정신을 이해하지 못했다. 율법을 지키기는커녕 스스로 의로운 척만 했다. 그래서 유대인들은 그들의 이러한 죄를 드러내는 그리스도를 미워하고, 죽이려고 했다(마 26:4,59).

예수님은 예루살렘에서 제사장과 유대 지도자들에게 핍박과 고난을 받으시고, 십자가에서 죽으셨다. 이것이 그리스도의 공생애 중 마지막 사역이었다. 그가 죽기까지 순종하신 이유는 하나님 아버지의 뜻을 이루기 위해서였다. 자신이 죽어야만 하나님이 택하신 백성이 죄를 용서받을 수 있는 근거가 마련되기 때문이었다. 이것은 구약의 선지자들이 계속해서 예언하던 것이었다(사 52:13-15 ; 53:3-6).

그리스도의 죽음은 자신의 죄 때문이 아니었다. 하나님이 택하신 백성을 위한 죽음이었다. 그리스도는 탄생에서부터 공생애의 마지막까지 사람의 몸을 입으셨지만, 죄가 전혀 없으셨다. 죄가 없으셨기에 속죄 제물로 자신을 드릴 수가 있었다(사 53:10).

그리스도는 십자가에서 죽으시고, 삼 일 만에 무덤에서 부활하셨다. 하나님은 그를 부활하게 하셔서 그리스도의 죽음이 구속의 사역이었음을 확증하셨다. 그리스도는 부활하신 후 지상에서 40일을 계시다가 하늘로 승천하셔서 하늘 보좌 우편에 앉으셨다. 그는 하나님 아버지께서 택하신 모든 백성의 구원을 직접 수행하는 직무에 취임하셨다(행 2:31-36).

그리스도는 주가 되셔서, 하나님이 택하신 모든 백성이 구원받을 때까지 그 직무를 담당하신다. 이 직무를 위해 성령님을 보내시고, 하나님의 말씀을 통해서 직무를 수행하고 계신다. 그리스도는 구원받은 백성에게 제사장과 선지자와 왕으로서 사역하는 분이시다. 구원받은 백성을 가르치고, 중보하며, 통치하시기 때문이다.

생각해볼 문제

1. 구약 시대에 예언된 그리스도는 어떤 분입니까?(사 55:4-5)

하나님의 백성을 구원하기 위해 죽었다가 다시 살아나셨으며, 그 백성들을 인도하시는 분이라고 예언되었습니다.

2. 그리스도가 사람의 몸을 입고 이 땅에 오신 이유는 무엇입니까?(마 1:21)

그리스도는 하나님이 택하신 백성의 죄를 속하기 위해서 반드시 사람의 몸을 입어야 했습니다. 또한, 죄가 없어야 했기 때문에 그리스도는 반드시 하나님이셔야 했습니다. 이는 하나님 아버지와 아들인 그리스도 사이에 약속된 것이었습니다.

3. 예수님이 이 땅에 오셔서 외치신 메시지는 무엇입니까?
(마 4:17)

회개하고 하나님 나라에 들어가라는 것이었습니다. 우상숭배와 죄로 물든 삶을 버리고, 하나님께 은혜를 받아 그의 통치 아래로 들어가라는 것이었습니다.

4. 예수님 당시의 유대인들은 왜 그리스도를 배척했습니까?
(요 8:37)

유대인들은 그들의 죄를 책망하는 그리스도를 미워했습니다. 그들은 회개할 마음이 없었습니다. 따라서 자신의 기득권을 위협하는 그리스도가 눈엣가시처럼 보였습니다.

5. 그리스도가 이 땅에 오셔서 하신 직무들은 무엇입니까?

(히 1:2-3)

선지자로서 하나님의 뜻을 직접 증거하셨고, 제사장으로서 자신의 몸을 드려 하나님이 택하신 백성의 죄를 짊어지셨습니다. 십자가에 죽으시고 장사되었다가 부활하고 승천하셔서 왕이 되셨습니다. 그리스도가 이 땅에 오신 이유는 이러한 구속 사역을 성취하기 위해서입니다.

6

복음과 교회

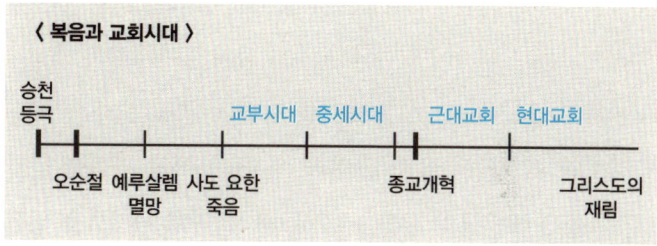

예수는 부활하시고, 승천하시기 직전에 제자들에게 아버지께서 자신에게 하늘과 땅과 모든 권세를 주셨다고 말씀하셨고, 제자들에게 세상 끝날까지 복음을 전하라고 명령하셨다(마 28:18-20). 더욱이 예수는 성령님이 제자들에게 임하게 되면 권능을 받고 땅끝까지 복음을 전하게 될 것이라고 말씀하셨다(행 1:8). 예수는 하늘로 올라가셔서 약속하신 대로 성령님을 보내주셨다(행 2:33).

성령님을 보내신다는 것은 구약에서 이미 예언되었을 뿐 아니라 그리스도가 약속하신 것이었다. 성령님이 오심으로 교회가 세워졌고, 많은 사람이 회심하면서 하나님의 백성들이 일어나게 되었다. 예수님이 세우신 사도들은 그리스도의 부활을 증거했다. 그들의 증거 위에 성령님이 역사하셔서 믿는 자들이 많이 생겨났다.

사도들이 설교할 때 성령님의 임재와 능력이 나타났는데, 외적으로는 기적들이 일어났다. 예수님이 살아계셔서 백성을 구원하고 계신다는 사실을 보여준 사건이었다(행 4:10,12).

사도와 제자들은 유대 관원과 제사장들에게 핍박을 받았다. 그들은 예수님의 부활을 증거하지 말라고 제자들을 위협했다. 제자들은 핍박을 피해서 예루살렘을 떠나 여러 지역으로 흩어지게 되었다.

복음 전파로 세워진 교회

베드로는 이방인이었던 고넬료의 가정에 복음을 전했고, 제자들은 안디옥 지방까지 복음을 전파했다. 그로 인해 안디옥에 그리스도를 믿는 이방인들이 크게 일어나서 교회가 세워졌다(행 11:26). 그리스도의 복음이 모든 민족에게 전해지기 시작한 것이다. 하나님은 모든 민족이 하나님을 아는 지식을 가지고 하나님을 예배하기 원하셨다. 그리스도의 복음을 통해 이러한 하나님의 뜻이 성취되기 시작했다.

이방인으로 구성된 안디옥교회는 선교사를 파송했다(행 13:1-3). 그리스도는 특별히 이방인들을 위해 바울을 사도로 세우셨다. 사도 바울과 제자들은 소아시아 지역에 복음을 전했다. 그리스도가 그들의 사역에 역사하시자 믿는 이방인들이 일어나고 교회가 확장되었다.

복음은 그 당시 로마 제국의 핵심 도시인 로마에까지 들어가게 되었고, 교회가 세워졌다. 제자들이 여러 지역을 두루 다니며 복음을 전할 때 많은 핍박을 받았지만, 그리스도를 믿는 자들은 계속 늘어났고, 각 지역에 교회가 세워졌다.

사도 바울은 복음을 전하다가 여러 번 감옥에 갇혔다. 로마에서는 두 번이나 감옥에 투옥되어 결국 순교했다. 예수님이 세우신 사도들도 순교했는데, 마지막으로 순교한 사람은 사도 요한이었다. 신약성경은 그가 밧모 섬에서 주께 받은 계시로 마무리되었다(계 22:20-21).

예수님이 세우신 사도들이 모두 죽고 사도 시대가 끝나게 되었다. 하나님과 그리스도, 성령님과 구원, 그리고 교회에 대한 계시는 사도 시대가 끝나면서 완성되었다.

사도 시대가 끝났지만, 복음의 역사는 계속되었다. 사도들이 세운 복음의 사역자들을 통해 그리스도의 가르침이 계속 전해졌기 때문이다. 복음 사역자들은 계속해서 복음을 전했고 그리스도를 믿는 자들도 계속 일어났다. 하늘에 계신 그리스도께서 구원 사역을 이루고 계셨다.

교회는 사도들의 가르침을 진리의 표준으로 삼았다. 그리스도가 가르쳐 주신 것이기 때문이다(요일 4:6 ; 엡 2:20). 그러나 진리에 대적하는 거짓 교사들이 나타나서 교회가 혼돈에 빠지기도 했다(요일 2:18). 사탄이 교회의 전파를 방해하려는 전략이었다. 교회의 교부들은 모두 일어나 오류와 이단들을 물리치고 정통의 가르침을 지켰고, 진리를 지키게 되었다.

중세 이후 교회의 역사

교회가 제도화되기 시작하면서 교황 제도가 생겨났다. 6세기경에는 로마 가톨릭교회가 시작되었다. 이때부터 교회는 사도들의 가르침에서 벗어나기 시작했다. 원죄와 인간의 부패성을 믿지 않았고, 구원을 위해 인간의 행위가 필요하다는 가르침이 유행했다. 더구나 교회에서 성경을 가르치지 않았다. 교회는 미신화, 우상화되고 말았다. 이 시기의 교회를 중

세교회라고 부른다.

그 후, 중세교회가 성경에서 많이 벗어났다는 것을 깨닫게 된 사람들이 생겨나기 시작했다. 그중 한 사람이 마르틴 루터였다. 그는 당시 면죄부를 팔고 있는 로마 가톨릭교회의 잘못을 지적했다. 루터는 성경적인 회개로 돌아가야 한다고 외쳤다. 오직 믿음으로 구원받는 교리를 강조했다.

그러자 수많은 사람에게 영적 각성이 일어나서, 진정으로 그리스도를 믿는 자들이 전 유럽에서 나왔다. 이것이 루터의 종교개혁이다. 종교개혁은 초대교회와 사도들의 가르침으로 돌아가자는 운동이었다. 그리스도가 사도들에게 주신 가르침으로 돌아가야 성령님이 역사하시며 구원이 일어나기 때문이다.

종교개혁은 독일에서부터 시작했지만, 스위스, 프랑스, 영국, 스코틀랜드, 네덜란드 등으로 확산되었다. 이 종교개혁 운동은 16, 17세기 영국에서는 청교도 운동으로, 독일에서는 경건주의 운동으로 일어났다. 이러한 영적 각성 운동들은 아메리카 대륙 건너편까지 이어졌고, 19세기에는 세계 선교 운동으로 이어져 복음이 확산되었다.

19세기 이후에는 과학주의가 발달하면서 기독교에 대한 회의가 일어나기도 했다. 20세기에는 두 번의 세계전쟁도 있었다. 그러나 그리스도가 하늘 보좌 우편에서 구원 사역을 하고 계시기에 믿는 자들이 계속해서 일어나고 있다.

지금 우리가 사는 21세기에도 그리스도는 하나님이 택한 백성을 구원하시는 일을 계속 하고 계신다. 하나님이 택한 백성을 전부 구원하시면 그리스도가 이 땅에 다시 오셔서 심판하실 것이다. 하나님의 백성과 백성이 아닌 자들을 구별하시고, 하나님의 백성에게는 영원한 복을 주시며, 그렇지 않은 자들에게는 영원한 벌을 내리실 것이다.

생각해볼 문제

1. 그리스도는 지금 어떤 일을 하고 계십니까?(행 2:24-36)

    그리스도는 승천하신 후 하나님 보좌 우편에 좌정하셔서 하나님이 택하신 백성을 구원하는 일을 하고 계십니다.

2. 사도들의 가르침은 무엇입니까?(엡 1:1-23 ; 3:4)

    그리스도께서 사도들에게 가르쳐 주신 복음의 비밀입니다. 그 내용은 하나님 아버지께서 백성을 선택하셨고, 그리스도께서 그 백성에게 구원이 일어나도록 구속 사역을 하신다는 것입니다. 또한, 성령님이 그리스도의 구원 사역을 하나님이 택하신 백성에게 적용하신다는 가르침입니다. 성령님은 실제적인 구원이 일어나게 하십니다. 그래서 구원받은 자들이 교회 안에 소속되어 그리스도의 통치를 받는 것입니다.

3. 정통과 이단은 어떻게 구별할 수 있습니까?(요일 4:6)

가르침으로 구별할 수 있습니다. 그리스도께서 사도들에게 가르쳐 주신 대로 가르치는 교회는 정통 교회입니다. 이것에서 벗어난 내용을 가르치는 곳은 이단입니다.

4. 종교개혁은 왜 일어났습니까?

교회가 사도들의 가르침에서 너무 멀리 벗어나 있는 것을 보고, 말씀에 깨어 있던 자들이 성경으로 돌아가자는 운동을 벌인 것입니다. 그리스도는 교회를 세우기 위해 진리에 대한 열망을 가진 개혁자들을 일으키셨습니다.

5. 우리가 사는 시대는 어떤 시대입니까?

이 시대는 구원 사역이 계속 이루어지고 있는 시대입니다. 그리스도는 지금도 복음의 사역자들을 세워 복음을 전하게 하시며, 성령님으로 역사하셔서 구원받는 백성이 일어나게 하십니다. 따라서 하나님의 말씀에 주의를 기울이고 성경을 공부해서 자신에게 구원이 적용되도록 힘써야 합니다.

2부

기독교의 기본 진리

하나님이 사람을 구원하시기 위해
역사 속에서 하신 일을 아는 것도 중요하지만,
오늘날 실제로 어떻게 구원하시는가를 아는 것도 중요하다.

| 교리 개관 |

하나님의 구원 방법

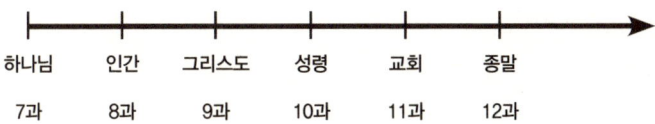

| 하나님 | 인간 | 그리스도 | 성령 | 교회 | 종말 |
| 7과 | 8과 | 9과 | 10과 | 11과 | 12과 |

7

하나님

> **〈 하나님 〉**
> ❶ **6일 창조**
> ❷ **사람 창조** – 하나님의 형상으로 지으심
> ❸ **아담과 맺은 언약** – 하나님 되신 것과 그의 구별된 백성으로서 마땅히 하나님의 주권을 인정하고 하나님을 예배하며 순종해야 하는 위치에 있다
> ❹ **하나님 나라** – 구원의 필요 없이 하나님의 계명에 순종하면서 모든 것을 누릴 수 있는 복된 상태

성경의 하나님은 삼위 하나님으로 계시되었다. 우주 만물을 창조하실 때도 성부, 성자, 성령님이 사역하셨다. 하나님은 태초에 모든 만물을 만드셨다. 이는 하나님이 왕의 권세를 가지고 모든 만물을 다스리는 분이신 것을 보여준다. 창조는 하나님이 모든 만물의 왕이심을 증거하는 사건이다(행 17:24).

하나님은 아담을 만드시고, 그와 언약을 맺으셨다. 또한, 아담에게 선악을 알게 하는 나무의 실과를 먹지 말라고 명령하셨다(창 2:16-17). 하나님은 아담과 하와를 에덴동산에 두어 모든 것을 누리게 하셨지만, 동시에 왕으로서 그들에게 명령

해서 하나님이 주가 되심을 분명히 하셨다.

아담과 하와는 하나님께서 만드신 모든 것들을 누렸다. 왕이신 하나님의 신하로서 그의 계명을 지키면서 행복하게 살고 있었다. 하나님께서 아담에게 내리신 명령은 독재적인 것이 아니었다. 아담은 순종하면서 하나님이 주 되신 것과 자신이 하나님의 백성임을 나타냈다. 아담은 피조물로서 하나님을 예배하고, 하나님께 순종하는 것이 마땅했다. 한편 하나님은 아담이 기꺼이 순종할 수 있도록 자유 의지와 함께 의로움과 거룩함, 지식을 주셨다.

아담이 하나님께 순종하는 삶을 살았다면 생명나무의 열매를 먹으면서 영원히 살 수 있었다. 선악을 알게 하는 나무는 아담에게 자신이 하나님의 계명을 지켜야 하는 백성인 것을 생각나게 했고, 생명나무는 순종하는 아담에게 영원한 생명을 주시는 하나님의 은혜를 기억하게 했다. 그러므로 아담과 하와는 마땅히 하나님께 감사해야 했다.

아담은 하나님의 형상으로 지음을 받았기 때문에 그에게 창조주 하나님의 영광이 있었다. 지식과 의로움과 거룩함이 있었고, 흠이나 부족함이 전혀 없었다. 아담은 지상에서 하나님을 나타내야 하는 공식적인 임무도 부여받았다. 그는 왕이신 하나님을 나타내는 특권을 누렸다(창 1:26-28).

하나님은 아담의 주가 되셨고, 아담은 하나님의 백성이었다. 하나님은 아담을 다스리시고 명령하셨으며, 아담은 그의 백성으로서 순종했다. 하나님과 아담은 완벽한 관계 속에 있었다. 왕이신 하나님은 아담을 그의 신하로 삼으시고 축복하셨다.

생각해볼 문제

1. 하나님은 모든 만물을 창조하면서 자신을 어떻게 계시하셨습니까?(계 4:11)

   하나님은 만물을 만드시면서 창조주로서 자신을 계시하셨습니다. 따라서 모든 권세와 영광이 오직 하나님께만 있습니다.

2. 하나님은 아담을 만드시고 그와 어떤 관계를 맺으셨습니까?(창 2:15-17)

   하나님은 아담과 언약 관계를 맺었습니다. 하나님과 아담은 왕과 신하의 관계였습니다. 하나님은 아담에게 하나님으로서 축복하시고, 또한 명령하셨습니다. 아담은 하나님의 신하로서 왕이신 하나님이 베푸신 은혜를 누리고, 그의 명령에 순종했습니다.

3. 하나님과 맺은 언약 관계에서 아담에게는 어떤 역할이 주어졌습니까?(사 43:10-12)

아담은 하나님께 순종하면서 하나님의 영광을 나타냈습니다. 하나님의 명령에 순종하면서 자신이 하나님의 백성인 것을 증거해야 했습니다.

4. 선악을 알게 하는 나무는 아담에게 어떤 기능을 했습니까?(요일 5:3)

자신이 하나님의 계명을 지켜야 하는 존재라는 것을 기억하게 했습니다. 또한 하나님께서 그에게 계명을 지킬 수 있는 능력을 주셨기 때문에, 계명을 지키는 것은 어려운 일이 아니었습니다.

5. 아담이 죄를 짓고 타락하기 이전에는 어떤 상태였습니까? (창 2:8-9)

하나님과의 행복한 교제 가운데 있었습니다. 하나님께서 모든 것을 제공해 주시며 누리게 하셨기 때문에 물질적으로나 심령으로나 부족한 것이 없었습니다.

8

인간

〈 인간 〉
❶ 마귀의 유혹
❷ 범죄
❸ 원죄와 자범죄
❹ 절망적인 상태

하나님과 아담은 언약 관계 속에 있었다. 그런데 사탄은 아담의 아내인 하와를 공격해서 하나님의 말씀을 부정하게 했다. 하나님의 선하신 명령에 회의를 느끼게 하고 하나님을 대적하여 계명을 어기게 했다. 아담과 하와는 그들의 주이신 하나님과 그분의 계명을 무시하고, 오히려 사탄의 거짓말을 신뢰했다. 그 결과 사탄의 유혹에 빠진 아담과 하와는 하나님의 계명을 어기고 죄를 짓게 되었다.

아담은 하나님과의 언약을 파기했다(호 6:7). 하나님은 아담과 언약을 맺으실 때 아담의 후손과도 언약을 맺으셨다. 그런데 아담이 언약을 어김으로써 그 효과가 아담의 후손들에게

까지 미치게 되었다. 아담이 지은 죄로 그 자신이 죽을 뿐만 아니라 그의 후손들에게도 죽음이 이르게 되었다(롬 5:12).

아담의 죄는 그에게 있는 하나님의 형상에도 심한 손상을 입혔다. 하나님이 그에게 주신 지식, 의로움, 거룩함을 잃어버리고 말았다. 사탄의 거짓말에 속아서 죄를 지은 후, 그는 죄의 종이 되었고 어두움의 세력에 지배를 받게 되었다(요 8:34).

아담과 하와는 죄를 지은 뒤 수치심을 느끼는 가운데 하나님의 임재를 두려워하게 되었다. 자신들이 죄로 더럽혀졌기 때문에 거룩하신 하나님 앞에 나설 수가 없었다. 하나님이 그들의 죄를 책망하기 위해 그들을 찾으셨을 때, 두 사람은 숨어 있었다. 아담은 죄를 지은 이후에 하나님을 피해서 어둠 속에 있는 것을 더 좋아하게 되었다(요 3:19).

아담이 죄를 지은 후 그의 이해력은 어두워졌다. 하나님의 선하심과 거룩하심을 지각하는 능력도 잃게 되었으며, 어리석은 일을 하게 되었다. 진리보다는 거짓을 믿었으며, 죄에 대해 경고음을 울려야 할 양심은 제 기능을 하지 못했다. 자유의지는 죄의 노예가 되어서 죄의 유혹을 받으면 곧바로 죄를 짓기 위해 달려가게 되었다. 그의 마음은 거룩한 것을 싫어하며 더럽고 추한 것을 좋아하게 되었다(엡 2:3).

이러한 아담의 원죄는 후손들에게 유전되어 아담의 후손인 모든 인류가 정욕 가운데 살게 되었다. 그래서 사람들은 더 이상 하나님을 찾지 않는다. 하나님의 계명을 지킬 수도 없지만 지키려는 마음조차 사라졌다. 사람들은 더욱 참람하게 되어 죄를 지으면서도 하나님을 두려워하지 않게 되었다(롬 3:13-18).

사람들은 지금도 어두움에 갇힌 채 권세 잡은 자의 조종을 받아 계속해서 죄를 짓고 있다. 그들의 마음과 의지는 완전히 죄의 종이 되어 스스로 죄에서 돌이켜 하나님께로 나아갈 수 없게 되었다. 사탄 역시 사람들이 하나님께로 나아갈 마음을 갖지 못하도록 계속 죄를 짓게 하고 있다. 사람들의 죄는 더욱 극악해졌고 정욕과 쾌락에 깊이 빠지게 되었다.

생각해볼 문제

1. 아담은 하나님과의 언약 관계를 어떻게 파기했습니까?
   (호 6:7)

   아담은 하나님의 계명을 어기고 하나님께 대적했습니다. 이는 신하가 왕에게 반역을 일으킨 것과 같습니다.

2. 언약을 파기한 아담에게 내려진 하나님의 심판은 무엇입니까?(창 3:19)

언약의 조항에는 하나님의 계명을 어길 경우 죽게 된다고 명시되어 있습니다. 아담의 죄로 인해 죽음이 인류에게 들어왔습니다.

3. 아담이 죄를 지은 이후에 인류는 어떤 상태로 전락하게 됩니까?(롬 5:12)

아담의 원죄가 모든 인류에게 전가되어 죄의 종이 되었습니다. 사람들은 정욕 때문에 죄를 짓고 죄를 더 확산시키고 있습니다.

4. 하나님의 형상으로 지어진 인간이 아담의 죄 때문에 어떤 상태가 되었습니까?(롬 1:24)

이해력이 어두워지고, 양심도 제 기능을 하지 못하게 되었습니다. 자유의지는 죄의 노예가 되었고, 마음은 더럽고 추한 것을 좋아하게 되었습니다.

5. 아담의 죄 때문에 사람들은 어떠한 비참한 상태가 되었습니까?(요 3:19-20)

빛보다 어두움을 더 좋아하게 되었습니다. 완전히 죄의 노예가 된 상태로 사탄의 종이 되어 죄를 짓고, 하나님을 대적하게 되었습니다.

9

그리스도

> **〈 그리스도 〉**
> ❶ 구원자(구원의 방법)의 약속
> ❷ 율법과 의식 제도(구약)
> ❸ 그리스도께서 오심
> ❹ 그리스도의 구속의 사역

하나님은 아담과 하와를 창조하실 때, 그들에게 스스로 하나님을 예배하고 순종할 수 있는 자유의지를 주셨다. 하나님은 그들이 자유의지를 가지고 하나님을 대적하여 죄를 지을 가능성도 알고 계셨다. 따라서 하나님 아버지와 그리스도는 아담과 하와가 타락할 경우, 인류 가운데 택한 자들을 구원하시려는 방안을 창세 전부터 가지고 계셨다. 하나님 아버지와 그리스도는 택한 자들을 구원할 방법을 서로 약속하셨다(요 17:1-5).

하나님은 아담이 타락했을 때 즉시 여자의 후손인 그리스도를 약속해주셨다(창 3:15). 아담은 오직 그리스도를 통해서 사탄과 죄의 종에서 벗어나며, 죄에서 건짐을 받을 수 있었다. 죄를 지은 아담은 하나님이 약속하신 그리스도께 의지해서 하나님께로 나아갈 수 있었다. 오직 그리스도를 통해서만 하나님과 화목할 수 있기 때문이다(고후 5:18).

구약 시대에 하나님은 사람들에게 죄가 무엇인지 분명히 깨달을 수 있도록 율법을 주셨다. 율법을 어기는 것이 죄고, 하나님을 대적하는 것이었다. 또한, 의식법을 주셔서 반드시 죄를 용서받아야 하나님께 나아갈 수 있다는 것을 가르치셨다. 구약 시대의 사람들은 죄를 지었을 때 항상 속죄하는 제사를 드려야 했다. 그래서 그들은 죄에 대한 영원한 제사를 갈망했다(히 10:11-14).

그리스도의 십자가 순종

하나님은 그의 때가 찼을 때, 약속하신 대로 그의 아들 그리스도를 이 땅에 보내주셨다. 택하신 백성을 죄에서 건지기 위해서다. 하나님이 택하신 백성들은 하나님께 반역하고 죄의 종이 된 상태였다. 이들의 죄가 해결되어야만 하나님의 백성으로 받아들일 수 있었다.

그래서 하나님은 아들인 그리스도가 사람의 몸을 입고 택한 백성의 대표가 되어 백성의 모든 죄를 짊어지게 하셨다. 아들인 그리스도는 고난을 받았으며, 택한 백성의 죄를 대신해서 자신을 속죄 제물로 드리기 위해 십자가에서 죽으셨다(사 53:10-11).

그리스도의 죽음은 반드시 필요했다. 하나님이 택한 백성들이 죄를 지어 저주를 받았고, 그 저주를 하나님이 그리스도에게 전가하셨기 때문이다. 그리스도가 흘리신 보혈은 택한 백성의 모든 죄를 덮기에 충분했다.

그리스도는 십자가에 죽기까지 하나님 아버지께 순종하셨다. 택하신 백성을 구원하시려는 하나님의 계획과 목적을 알고 있었기 때문이다. 하나님이 그들과 맺으신 언약은 하나님이 그들의 하나님이 되시고, 그들이 하나님의 백성이 되는 것이었다(렘 31:33).

그리스도는 자신의 목숨을 내놓기까지 하나님 아버지께 순종하셨다. 하나님을 향한 완전한 순종으로 의를 이루셨다. 그리스도의 부활은 하나님이 그리스도의 순종을 받아주셨다는 증거다. 하나님은 그리스도를 믿는 자들에게 그리스도의 의를 전가해주신다(갈 2:16). 즉, 자신의 행위로 의로워질 수 없다는 것을 깨닫고 자신이 불의한 자라는 것을 인정하며, 의롭게 되기 위해 그리스도를 믿는 자들에게 그렇게 하신다.

생각해볼 문제

1. 하나님이 죄인을 받아주시려고 마련하신 유일한 방법은 무엇입니까?(행 2:38)

   그리스도를 받아들이는 것입니다. 자신의 죄를 회개하고 그리스도께 피해서, 하나님의 진노에서 벗어나며 구원의 은혜를 받는 것입니다.

2. 하나님은 그리스도를 언제 약속해주셨습니까?(창 3:15)

   아담이 타락했을 때, 그 즉시 여자의 후손인 그리스도를 약속해주셨습니다.

3. 예수 그리스도는 언제 이 땅에 오셨습니까?(갈 4:4)

   하나님의 때가 되었을 때, 하나님은 그리스도를 이 땅에 보내셨습니다. 자신이 택한 백성에게 구원이 일어나게 하셨습니다. 그리스도는 이 땅에 오셔서 공생애 사역을 하시고, 하나님 아버지의 뜻에 따라 십자가에서 죽기까지 순종하셨습니다.

4. 그리스도는 왜 십자가에 죽으셔야만 했습니까?(사 53:10-12)

하나님은 택한 백성들을 구원하시기 위해 그들의 죄를 모두 그리스도에게 부과하셨습니다. 그리스도는 그들의 죄를 짊어지고 십자가에서 돌아가셨습니다. 죄는 죽음 이외의 다른 방법으로는 사할 길이 없기 때문입니다.

5. 그리스도의 부활은 무엇을 증거합니까?(롬 1:4)

그리스도의 부활은 하나님께서 그리스도의 구속 사역을 받으셨다는 증거입니다. 또한, 그리스도 안에 구원의 은혜가 있다는 증거입니다.

10

성령

> ⟨ 성령 ⟩
> ❶ 성령을 보내심
> ❷ 죄를 책망하심
> ❸ 낮추심
> ❹ 그리스도의 은덕을 알게 하심 / 그리스도에게 달려가게 하심

하나님은 죄인들을 자신의 거룩한 백성으로 구원하기 위해 그리스도를 이 땅에 보내시고 십자가에 죽게 하셨다. 또한, 그리스도 안에 의가 있음을 증거하시려고 그리스도를 부활하게 하셨다.

하나님이 죄인을 구원하기 위해 하신 이러한 일들을 우리는 지식으로만 받아들일 수도 있다. 하나님의 구원 방법이나 교리들, 신앙고백서의 내용도 지적인 측면에서 배우고 동의할 수 있다. 그러나 이러한 지적인 동의가 구원받는 믿음은 아니다(약 2:19). 하나님 아버지와 그리스도가 구원을 위해 하신 일들이 실제적인 성령님의 역사로 개인에게 적용되어야

구원이 일어난다(살후 2:13 ; 엡 1:13).

   구원이 일어나려면 우선 성령님이 우리의 어두워진 마음을 각성시키고 의지를 갱신시켜 주셔야 한다. 성령님은 우리에게 구원의 은혜를 주실 때 가장 먼저 우리가 죄인이라는 사실을 깨닫게 하신다(요 16:8). 성령님은 우리가 하나님의 계명을 어겼으며, 하나님을 대적했다는 사실을 하나님의 율법을 통해 알게 해주신다. 이것을 성령님의 깨우치는 역사라고 부른다.

   성령님이 죄인인 우리를 영적으로 깨어나게 하실 때는 먼저 우리가 죄인이며 불의한 자라는 것을 알게 하신다. 그리고 이로 인해 하나님의 심판 아래에 있다는 것을 깨닫게 하신다. 그래서 죄인임을 깨달은 자는 반드시 하나님께 용서를 구하게 되어 있다.

성령님의 구원 사역

   물론 사람들은 자신이 죄인이라는 사실을 깨닫고도 자신의 행위로 의로워지려고 노력한다. 계명을 지키려고 애쓰기도 한다. 그러나 결국 자신의 행위는 여전히 불의하며 오히려 죄가 더욱 커지는 것을 깨닫게 될 뿐이다(롬 7:9).

자신의 어떠한 행위로도 의로워질 수 없다는 것을 알고 나면, 구원을 위해서 오직 하나님께만 은혜를 구하게 된다. 이러한 영적 현상은 성령님이 죄인들을 겸손하게 해서, 자신의 행위가 아닌 하나님의 구원 은혜에 굴복시키시는 방법이다. 또한, 죄인들이 온전히 회개하도록 하는 방법이다(시 130편).

성령님은 죄인들의 심령을 낮추시고 의지를 새롭게 하신다. 자유의지가 성령님을 통해 갱신되지 않으면 죄인은 그리스도께로 나아가고 싶어도 갈 수 없기 때문이다(요 1:12-13). 성령님은 죄인의 의지를 갱신시켜 주시며, 믿음이 일어나게 하신다. 그리스도 안에 죄 용서함과 불의를 덮을 수 있는 의로움이 있다는 것을 알게 하신다(갈 2:16).

그래서 회개하는 죄인은 그리스도에게로 달려가서 그리스도를 붙잡게 된다. 그리고 자신의 죄를 용서받는 경험을 하게 된다. 이때 그리스도의 죽음이 자신의 죄 때문이라는 것을 깨달으며 감사의 눈물을 흘리기도 한다. 이것을 회심이라고도 부르는데, 성령님이 그리스도의 죽음을 실제로 개인에게 적용하신 것이다(엡 1:17-19).

성령님은 이러한 구원이 일어날 때 그의 심령에 거룩한 성품을 심으신다(벧후 1:4). 죄를 미워하며 거룩한 것을 추구하는 성향을 주신다. 또한, 회심 이후에도 이러한 영적 성품이 더욱 강하게 확장되게 하신다. 따라서 구원의 은혜를 경험한 사람에게는 반드시 죄를 죽이기 위해 애쓰는 모습과 거룩한 것을 추구하는 모습이 나타나게 되어 있다(롬 8:13). 하나님의 영이신 성령님이 하나님의 성품을 그에게 심어놓으셨기 때문이다.

성령님을 통해 회개와 믿음이 일어나서 구원이 적용되는 믿음을 갖기 원하는 사람은 하나님께 구하면 된다. 성경은 성령님을 통해 구원이 적용되는 역사를 구하는 자에게 주시겠다고 약속하고 있기 때문이다(눅 11:13).

생각해볼 문제

1. 그리스도가 하신 일을 인정하고 지적으로 동의하는 것이 구원받는 믿음입니까?(약 2:19)

   아닙니다. 그리스도가 하신 일에 지적으로 동의하는 것은 역사적인 믿음입니다. 구원받는 믿음에도 지식이 필요하기는 하지만, 지식 자체가 구원받는 믿음은 아닙니다.

2. 구원받는 믿음은 어떻게 일어납니까?(살후 2:13)

구원받는 믿음과 생명을 얻는 회개는 성령님의 역사로만 일어납니다. 성령님이 실제로 우리 영혼에 일하셔서 회개와 믿음이 일어나게 하셔야 구원이 이루어집니다.

3. 성령님은 생명을 얻는 회개를 어떻게 일으키십니까?(행 11:18)

성령님은 하나님의 말씀을 도구로 삼아 사람들에게 죄를 깨닫게 하십니다. 이것은 구원의 은혜가 적용될 때 나타나는 영적 현상인데, 죄와 하나님의 심판을 깨닫게 됩니다. 또 자신이 불의한 자라는 것을 철저히 인정하게 됩니다. 그래서 구원의 은혜를 하나님께 구합니다.

4. 사람이 자신의 의지로 예수 그리스도를 믿을 수 있습니까?(요 1:12-13)

거듭나기 전에 사람의 자유의지는 죄의 노예가 된 상태이기 때문에 그리스도를 믿을 수 없습니다. 반드시 성령님이 인간의 의지를 갱신시켜 주셔야 그리스도를 믿을 수 있습니다. 성령님이 우리의 의지를 갱신시켜 주실 때까지 우리는 하나님의 말씀을 공부하며 기도해야 합니다.

5. 성령님의 실제적인 구원 역사가 적용되는 구원의 은혜는 어떻게 얻을 수 있습니까?(눅 11:13)

하나님의 말씀을 공부하는 가운데 성령님의 구원 역사를 하나님께 구해야 합니다. 성경에는 성령님의 유효한 역사를 사모하여 구하는 자에게 주신다고 약속하고 있기 때문입니다.

11

교회

> 〈 교회 〉
> ❶ 세례를 받음
> ❷ 은덕의 수단들(설교, 성례, 기도)
> ❸ 주일 성수
> ❹ 교회의 직무들

하나님은 구원받은 신자가 홀로 신앙의 여정을 가게 하지 않으시고 교회에 소속되게 하신다. 교회는 신자들이 모여 그리스도의 통치를 받으면서 영적으로 보호받는 곳이다. 교회는 신자에게 마치 어머니와 같은 역할을 한다. 어머니가 자녀들을 양육하듯이 교회는 신자들을 양육하여 온전하게 하며, 봉사의 일을 하게 한다(엡 4:12).

하나님은 신자들을 위해 교회에 여러 가지 은혜의 수단을 마련해 놓으셨다. 이는 신자들이 천국에 안전하게 도달할 수 있도록 마련해 놓으신 장치들로서 하나님의 말씀을 듣고 배우게 하는 수단이다. 하나님과 그리스도를 아는 지식이 자라

나야 성숙한 신앙이 되기 때문이다(엡 4:13).

이와 같은 은혜의 수단으로 하나님은 성례를 정해놓으셨다. 세례를 통해서는 구원을 위해 거듭남이 필요하다는 것을 배우게 하셨다(골 2:12). 또한, 성찬을 통해서는 그리스도의 구속 은덕을 기억하게 하셨다(고전 11:24-26).

그리스도의 교회에는 목사, 장로, 집사 등의 직분자들이 있다. 목사의 주된 임무는 하나님의 말씀을 가르치는 것이다. 목사는 그리스도의 종이며, 신자에게 선지자 역할을 한다. 설교를 통해 하나님의 말씀을 선포해서 구원이 일어나게 하는 것이다. 믿음은 들음에서 난다고 말씀하셨기 때문에 설교의 직무는 중요하다(롬 10:17).

장로는 교회를 다스리는 직무를 맡았다. 그리스도의 다스리심을 본받아 원칙에 따라 양들을 돌본다. 또한, 교회 안에 잘못된 사상이 들어오지 못하게 하고, 교회를 질서 있게 하는 일을 한다. 마지막으로 집사는 교회의 신자 중 어려운 자들을 돌보고 구제하는 일에 힘쓰는 자들이다(딤전 3:1-13).

교회에는 불법한 자에 대한 책벌로서 치리(discipline)가 있다. 치리는 하나님의 영광과 명예를 지키기 위한 것이다. 치리는 교회에 오류가 창궐하는 것을 막아주며, 무질서와 혼동으로부터 보호해주며, 거룩성과 순결성을 지켜준다(고후 2:6). 교회의 치리에는 반드시 두세 명의 증인이 있어야 하며, 성경에서 말하는 절차를 따라야 한다. 치리에는 훈계, 책망, 정직, 면직, 출교의 단계가 있다(마 18:15-17). 이것은 해당자를 회개하게 하고 그를 회복시키는 것이 목적이다.

교회 생활에서 가장 중요한 일은 주일의 공적 예배에 참여하는 것이다. 하나님은 모든 만물을 만드시고 제7일에 쉬셨다. 하나님이 쉬셨다는 것은 창조가 완벽하게 완성되었다는 뜻이다. 그 날은 하나님께 예배를 드리는 날로 지정되었다.

하나님이 모세에게 주신 십계명 중 제4계명에도 하나님은 안식일을 지키라고 명령하신다. 안식일에 하나님의 창조를 기념하고 애굽에서 구원받은 것을 감사하며 예배하라고 하셨다. 예수님은 안식일의 주인으로서 이 안식일을 주일로 변경하여 그리스도의 부활을 기억하게 하셨다(마 12:8 ; 요 20:1,19). 한 주의 첫째 날을 주일로 정해서 신자들이 모여 예배하게 하신 것이다(고전 16:2).

예배에는 찬송과 성경 낭독, 말씀 선포와 설교를 듣는 것, 기도, 성찬 등이 포함된다. 예배는 하나님의 백성이 하나님을 만나는 것이므로 이 날을 거룩하게 구별해야 한다. 한 주간의 다른 날과 구별해서 영적인 일에 힘써야 한다. 무엇보다 하나님의 백성들과 함께 모여서 하나님을 경외함으로 예배해야 한다.

생각해볼 문제

1. 교회가 신자들의 어머니 역할을 하는 이유는 무엇입니까?

    (엡 4:12)

    교회는 신자들이 양육을 받으며, 영적으로 돌봄을 받는 곳이기 때문입니다.

2. 우리의 눈에 보이는 교회는 완전합니까?(고후 12:20-21)

    아닙니다. 우리가 보는 교회에는 하나님의 참된 백성도 있지만, 위선자들도 있습니다. 교회가 하나님의 참된 교회로 바로 서려면, 구원의 교리를 온전하게 가르쳐서 교회 안에 참된 하나님의 백성들이 많이 세워져야 합니다.

3. 교회에는 어떤 직분자들이 있습니까?(딤전 3:1-13)

    목사와 장로와 집사가 있습니다. 목사는 하나님의 말씀을 가르치는 직무를 맡았으며, 장로는 성도를 돌보는 직무를 맡았습니다. 집사는 고난 가운데 있는 성도를 돌보고 구제하는 일을 합니다.

4. 교회에 치리가 있는 이유는 무엇입니까?(고전 5:5)

    하나님의 영광과 명예를 지키기 위한 것입니다. 치리의 목적은 해당자를 회개하게 해서 그를 회복시키려는 것입니다.

5. 교회 생활에서 가장 중요한 것은 무엇입니까?(사 66:23)

주일에 공적 예배에 참석해서 신자들과 함께 하나님을 예배하는 것입니다. 하나님께 올바로 예배하기 위해서는 주일을 거룩하게 구별하여 지키는 것이 중요합니다.

12

종말

> 〈 종말 〉
> ❶ 죽음
> ❷ 영혼의 상태
> ❸ 재림과 부활
> ❹ 심판

우리는 지금 사람의 몸을 입고 오신 그리스도의 초림과, 심판하시기 위해 다시 오실 그리스도의 재림 사이에 살고 있다. 이 시기를 성경에서는 마지막 때라고 말한다. 구원의 은혜가 열려 있는 마지막 때라는 의미다(행 2:17).

그리스도는 승천하셔서 하늘 보좌 우편에 좌정하셨고 하나님이 택하신 백성을 구원하는 일을 하고 계신다. 그리스도가 하나님이 택하신 백성을 모두 구원하시고 나면, 세상을 심판하시기 위해 다시 오실 것이다(행 10:42).

그리스도가 다시 오시기 전까지 신자들은 이 세상에서 순례의 길을 가다가 죽음을 맞을 것이다. 사람이 죽으면 몸과 영혼이 분리되어 몸은 이 땅에서 썩지만, 영혼은 죽지 않는다. 신자의 영혼은 낙원 혹은 천국에 이르게 된다(히 12:22-23). 그곳에서 그리스도의 영광을 보며 그를 찬양할 것이다. 그리고 그리스도의 재림을 기다리게 될 것이다(계 6:10).

그리스도가 재림하실 때 이 세상에서 살고 있던 신자들은 부활체로 변화된다. 이미 죽었던 영혼들도 부활의 몸을 다시 입을 것이다(고전 15:42-44). 그리고 그리스도의 심판대 앞으로 나아올 것이다(롬 14:10). 그리스도는 경건한 자와 경건하지 못한 자들을 구별하여 나누실 것이다. 이때 하나님의 진정한 백성과 거짓 백성이 드러날 것이다(행 24:15).

그리스도를 거부하고, 하나님을 대적하던 자들에게는 영원한 형벌의 심판이 선언될 것이다(계 20:15). 반면 하나님을 신실하게 섬기고 죄와 싸웠던 진정한 백성들은 하나님께 상을 받고, 주가 마련하신 새 하늘과 새 땅에 거주할 것이다(계 21:1-4).

마지막 때의 심판에 대한 가르침은 경건한 삶을 살도록 신자들을 도전한다. 무서운 형벌에 대한 두려움을 주는 것이 아니라, 영원한 곳에 이를 때까지 우리를 돌보실 하나님의 은혜를 구하게 한다. 또한, 자신을 신뢰하지 않으며 겸손하게 한다. 마지막 날에 그리스도의 심판대 앞에 설 때 모든 것이 드러날 것이기 때문이다. 그래서 지금 하나님 앞에 정직하게 살려고 애쓰게 하며, 사람들을 대할 때도 정직하고 의로운 삶을 추구하게 한다(행 24:15-16).

오늘날의 신자는 그리스도의 초림과 재림 사이에 있다. 따라서 이 세상에서 나그네처럼 살아가야 한다(벧전 1:1-2 ; 2:11). 이 땅에서 부자가 되고 명예를 얻는 삶이 아니라 영원한 세계를 추구하는 삶을 살아야 한다. 세상에 대해서는 절제하고 자족하는 삶을, 하나님에 대해서는 부요한 삶을 살아가야 한다(딤전 4:6-12). 이것이 진정한 그리스도인의 삶이다.

생각해볼 문제

1. 그리스도가 다시 오시기 전에 죽은 신자들은 어떻게 됩니까?(히 12:23)

    몸은 썩어서 흙으로 돌아가지만, 영혼은 살아서 천국으로 옮겨집니다.

2. 그리스도가 다시 오실 때 어떤 일들이 일어납니까?
    (고전 15:51-53)

    살아있는 사람들은 부활의 몸으로 변화되며, 이미 죽었던 영혼들도 부활의 몸을 다시 입고 주님의 심판대 앞에 서게 됩니다.

3. 그리스도의 심판은 어떤 것입니까?(마 13:41-43)

경건한 자와 경건치 못한 자를 구별하는 것입니다. 경건치 못한 자들에는 불신자들과 우상 숭배자들, 죄악 가운데 있던 자들뿐 아니라 교회 속에 있던 위선자들도 포함됩니다.

4. 그리스도의 심판은 신자에게 두려움을 줍니까?(행 24:15-16)

아닙니다. 신자에게는 그리스도의 심판이 두려움을 주는 것이 아니라, 경건하게 살고자 하는 도전을 줍니다. 하나님 앞에서 정직한 삶을 살게 하고, 사람들에 대해서 양심에 거리낌이 없는 삶을 살게 합니다.

5. 그리스도의 초림과 재림 사이에 사는 신자들의 삶을 어떻게 요약할 수 있습니까?(벧전 2:11)

신자들은 이 땅의 순례자들입니다. 영원한 도성인 천국을 향해 가는 순례의 길에 있는 것입니다. 따라서 세상의 부와 명예를 추구하기보다 경건하고 자족하는 삶을 살아갑니다.

사명선언문

너희가 흠이 없고 순전하여……세상에서 그들 가운데 빛들로
나타내며 생명의 말씀을 밝혀 _ 빌 2:15-16

1. 생명을 담겠습니다
만드는 책에 주님 주신 생명을 담겠습니다.
그 책으로 복음을 선포하겠습니다.

2. 말씀을 밝히겠습니다
생명의 근본은 말씀입니다.
말씀을 밝혀 성도와 교회의 성장을 돕겠습니다.

3. 빛이 되겠습니다
시대와 영혼의 어두움을 밝혀 주님 앞으로 이끄는
빛이 되는 책을 만들겠습니다.

4. 순전히 행하겠습니다
책을 만들고 전하는 일과 경영하는 일에 부끄러움이 없는
정직함으로 행하겠습니다.

5. 끝까지 전파하겠습니다
모든 사람에게, 땅 끝까지, 주님 오시는 그날까지
복음을 전하는 사명을 다하겠습니다.

서점 안내

광화문점 서울시 종로구 새문안로 69 구세군회관 1층
02)737-2288(T) 02)737-4623(F)

강남점 서울시 서초구 신반포로 177 반포쇼핑타운 3동 2층
02)595-1211(T) 02)595-3549(F)

구로점 서울시 구로구 시흥대로 577 3층
02)858-8744(T) 02)838-0653(F)

노원점 서울시 노원구 동일로 1366 삼봉빌딩 지하 1층
02)938-7979(T) 02)3391-6169(F)

분당점 경기도 성남시 분당구 황새울로 315 대현빌딩 3층
031)707-5566(T) 031)707-4999(F)

일산점 경기도 고양시 일산서구 중앙로 1391 레이크타운 지하 1층
031)916-8787(T) 031)916-8788(F)

의정부점 경기도 의정부시 청사로47번길 12 성산타워 3층
031)845-0600(T) 031) 852-6930(F)

인터넷서점 www.lifebook.co.kr